中国国家博物馆

文化系列丛书

二〇二三 新春展

Celebrating the Year of the Rabbit
2023 Chinese New Year Exhibition

王春法　主编

Editor in Chief　Wang Chunfa

 北京时代华文书局

中国国家博物馆
NATIONAL MUSEUM OF CHINA

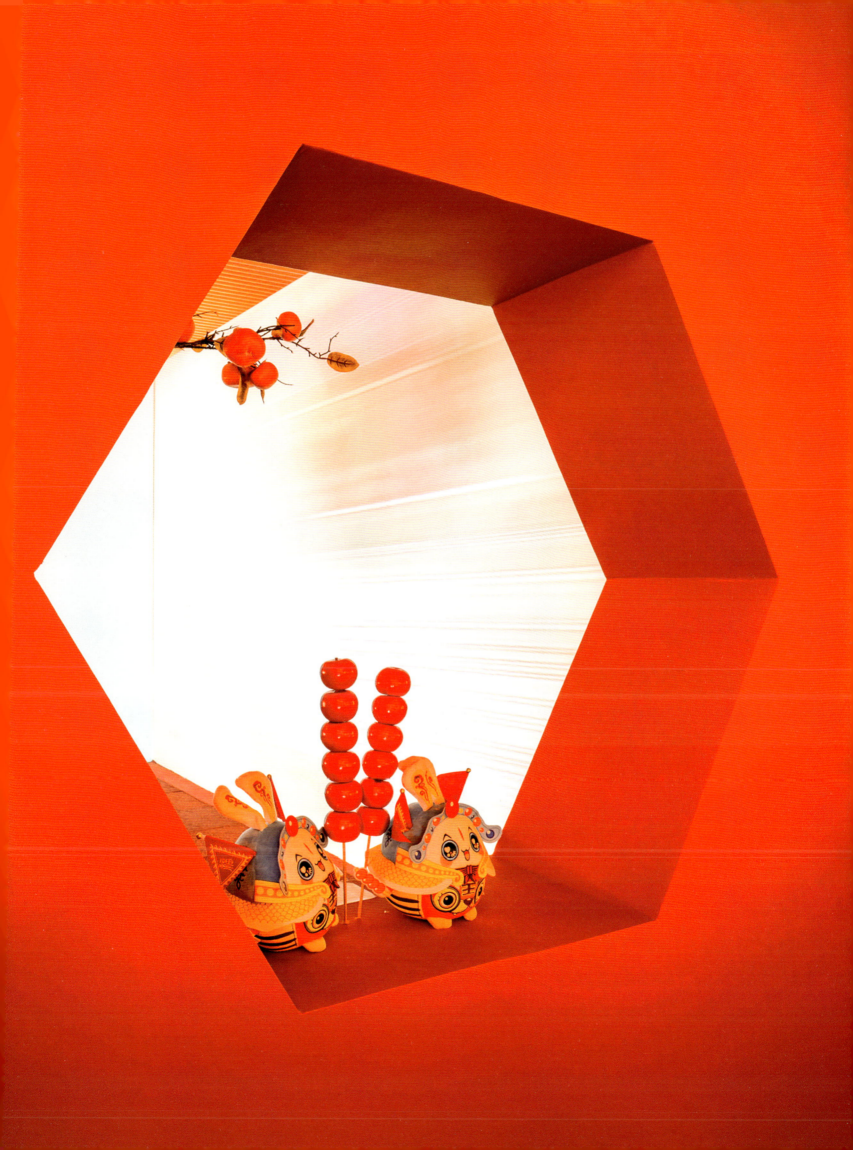

中国国家博物馆展览团队

学术顾问
张润平 Zhang Runping

策展人
高秀清 Gao Xiuqing

策展助理
王希 Wang Xi

内容设计
卢宇 Lu Yu
栗河冰 Li Hebing

展陈设计
孙祥 Sun Xiang
上官天梦 Shangguan Tianmeng
邢子琦 Xing Ziqi
连洁茜 Lian Jiexi

展厅协调
陈凯 Chen Kai
成国锋 Cheng Guofeng

新闻宣传
陈拓 Chen Tuo

馆办协调
卢宇 Lu Yu

藏品保障
秦多可 Qin Duoke

展品点交
王希 Wang Xi
栗河冰 Li Hebing
卢宇 Lu Yu
孟紫薇 Meng Ziwei
张志民 Zhang Zhimin
黄茜 Huang Qian

文物加固
郭梦江 Guo Mengjiang
杨志洪 Yang Zhihong
郭友谊 Guo Youyi
沙明建 Sha Mingjian
付志银 Fu Zhiyin

文物保护
王博 Wang Bo

翻译联络
李瑶 Li Yao

数据支持
杜亚妮 Du Yani

多媒体制作
李华新 Li Huaxin
邓帅 Deng Shuai
张雪娇 Zhang Xuejiao

社会教育
牟笑彤 Mu Xiaotong

设备保障
王卫军 Wang Weijun

安全保卫
奚宁 Xi Ning

后勤保障
郭婧 Guo Jing

前 言

中国国家博物馆馆长
王春法

　　春风有形，瑞兔留迹。在兔年春节即将来临之际，中国国家博物馆精心撷选 80 余件（套）馆藏文物推出"癸卯金安——二〇二三新春展"，从多角度展示中国历史悠久、丰富多彩的兔文化、生肖文化、吉祥文化和年文化，为广大观众献上癸卯兔年的美好祝福和寄愿，呈现中华民族优秀的传统文化和丰富的精神底蕴。

　　兔子聪敏机警，善于奔跑跳跃，是敏捷疾速的象征，自远古时期即成为先民崇拜和信仰的对象。《礼记·曲礼下》中记载，兔代表"明视"，是宗庙祭祀的重要祭品之一。在神话传说中，玉兔常与嫦娥为伴，在月宫的桂花树下捣炼令人长生不死的仙药，久而久之就成为月亮的代称和长寿的象征。在十二生肖之中，兔寓有祥瑞吉兆之意，古人认为赤兔、白兔的出现预示着王者盛德、国泰民安，是吉祥文化的符号之一。在各种工艺与美术装饰之中，外形可爱、性情温顺的兔子也是常用题材，其纹饰常常代表前途似锦、人丁兴旺和健康长寿，寄托着人们对美好生命的赞美和幸福生活的向往。

　　此次展览展出的文物上起商代下迄 20 世纪中叶，涵盖玉器、瓷器、铜器、石器、骨角牙器、书法、绘画等多门类物质文化遗存。其中，从唐代至清代的多件玉石兔饰或奔或伏、或坐或仁、憨态可掬；唐代的浅青釉褐斑瓷兔与元代的青玉兔活灵活现；明代的白玉双兔耳杯妙琢精治，呈现出不同时代的匠人巧思，是传统工艺与时代脉搏同频共振的范例。展览还展出了多件寓意平安、取意吉祥的精品文物和时令书画，以期营造喜庆祥和的节日氛围。

　　习近平总书记在新年贺词中指出，每当辞旧迎新，总会念及中华民族千年传承的浩然之气，倍增前行信心。中国国家博物馆作为国家最高历史文化艺术殿堂，历来高度重视充分挖掘阐释历史文物的丰富内涵，从中华民族世世代代形成和积累的优秀传统文化中汲取营养和智慧，赓续文化基因，萃取思想精华，展现精神魅力。值此新春到来之际，万物拔地而出，处处洋溢生机，我们饱含激情、满怀喜悦地将本次展览奉献给广大观众，共同喜迎癸卯兔年的到来！祝愿伟大祖国繁荣昌盛、国泰民安！

PERFACE

Director of the National Museum of China

Dr. Wang Chunfa

As 2023, the Year of the Rabbit, approaches, the National Museum of China has carefully selected more than 80 pieces (sets) of artifacts from its collection and launched the *Celebrating the Year of the Rabbit: 2023 Chinese New Year Exhibition* to showcase China's long-standing history and, in particular, its colorful rabbit culture, the culture of the Chinese zodiac, and traditional Chinese New Year culture from multiple perspectives. The hope is to communicate best wishes for this Year of the Rabbit to a broad audience, presenting the exquisite traditional culture and rich heritage of Chinese civilization.

Rabbits are smart, alert, and known for running and jumping. They are a symbol of agility and speed and they have long been respected and even worshiped since the time of our ancient ancestors. In *The Book of Rites*, rabbits represent "bright vision" ,and were one of the most important animals used for sacrifices in ancestral temples. According to myth and legend, the Jade Rabbit often accompanied the Moon Goddess Chang'e, mixing an immortality elixir under a sweet-scented osmanthus tree in the Lunar Palace. Over time, rabbits became synonymous with the Moon and were regarded as symbols of longevity. Of the twelve animals of the Chinese zodiac, the rabbit is seen as an auspicious animal that brings good fortune. The ancients believed that the appearance of a red rabbit and a white rabbit heralded prosperity for the emperor, and also prosperity and safety for the country and the people. Among a variety of arts and crafts decorative motifs, rabbits, with their delightful appearance and docile temperament, are also common subjects. Decorations featuring rabbits often represent a bright future, a thriving population, health and longevity. They carry the hopes and dreams that people have for a happy life.

The collections of this exhibition range from the Shang dynasty (c.16th–11th centuries BCE) to the mid-20th century. Diverse in genre, they span various materials and media, from jade, porcelain, bronze, stone, oracle bone, eaglewood, calligraphy and paintings. Among the many jade rabbit ornaments from the Tang dynasty (618–907 CE) to the Qing dynasty (1644–1911), the rabbits are shown either running or lying down, or sitting or standing, often with a look of charming naivety; the lighter-bluish-gray glazed porcelain rabbit with brown blotches from the Tang dynasty and the green-jade rabbits of the Yuan dynasty (1271–1368) are lively and vivid; the white-jade cup with rabbit-shaped handles from the Ming dynasty (1368–1644) are ingeniously crafted, showing the great skill of craftsmen of different eras, and this is an example of traditional crafts resonating with the pulse of the times. The exhibition also shows a number of fine artifacts and examples of calligraphy and painting that symbolize peace and auspiciousness. It is hoped that they may contribute to creating a joyous and peaceful festival atmosphere.

In his New Year address, President Xi Jinping pointed out: "At every turn of the year, we always think of the great character of resilience that the Chinese nation has carried forward through millennia. It gives us still greater confidence as we continue our way forward." As a supreme palace of history, culture, and art in China, the National Museum of China has always attached great importance to fully excavating and interpreting the rich connotations of China's historical relics, absorbing nutrition and wisdom from the excellence of the traditional culture formed and accumulated by the Chinese nation over generations, continuing our shared cultural heritage, and extracting the essence of thought to show spiritual charm. On the occasion of the arrival of the New Year, all things emerge from the ground and are full of vitality everywhere. We excitedly and joyfully dedicate this exhibition to all who come to see it, and hope to celebrate the arrival of the Year of the Rabbit together with you with best wishes for peace and prosperity!

目 录
CONTENTS

爆竹声中一岁除，春风送暖入屠苏。
千门万户瞳瞳日，总把新桃换旧符。

OI

"癸卯"卜骨

Oracle Bone with Inscription of "Gui Mao"

商

Shang dynasty

长 5 厘米

释文：

癸卯卜，疑贞

癸，疑贞

商代时干支纪日已成熟。一般认为"疑"是贞人。作为贞人的"疑"，历史可以追溯到武丁时期。这片三千多年前的卜骨所使用的天文历法与文字绵延至今。

02

十二生肖陶俑

Pottery Figurines
of the Twelve Chinese Zodiac Animals

唐
Tang dynasty
高 36.5 — 42.5 厘米

　　生肖的造型作兽首人身，兽首分别为
十二生肖的形象。人身直立，身穿交领宽袖
衣，长垂至足，两手笼袖拱于胸前。早期的
生肖俑形象较为写实，为陶质，见于北朝时
期，形象是单纯的动物形。在后来的发展过
程中，生肖俑的艺术成分逐渐增加，成为以
动物和人物相结合的形象，显得生动有趣。

03

浅青釉褐斑瓷兔

Lighter Bluish Gray Glazed Porcelain Rabbit with
Brown Blotches

唐
Tang dynasty
高 1.9 厘米，长 3.5 厘米，宽 2.1 厘米

瓷兔为发掘品，小巧生动，同时出土的还有瓷猴等。
唐代工匠们常捏烧出动物形象的小型瓷器售卖，或为供儿
童玩耍的玩具。

04

兔纹权形铜器

Bronzeware with Rabbit Design

辽

Liao dynasty

通高 4.7 厘米

文物前饰兔纹，作匍匐状，背饰卷草纹，疑为铜锁部件。

05

兔纹铜押

Bronze Seal with Rabbit Design

元

Yuan dynasty

通高 2 厘米，长 2 厘米，宽 2 厘米

　　肖形印是古印玺中的一种，不同于文字印，印面上以图案
为主。一般认为，元押印是汉代肖形印的遗风再现，与现实生
活关联更加紧密。元代肖形印较汉代在造型方面更趋写实，简
洁概括。印中兔子回首，口衔瑞草，有吉祥长寿寓义，亦是中
国"衔瑞"文化的生动一例。

06

青玉雕兔嵌件
Green Jade Panel with Rabbit Design

元
Yuan dynasty
宽 5.7 厘米

此器呈长方形，镂空透雕而成。正面雕琢柞树和灵芝状花纹，树下一兔回首，神态安详，后有镂雕山石为背景，极具立体感。

07

青玉双兔饰

Green Jade Ornament with Two Rabbits Design

元
Yuan dynasty
长 7.9 厘米

　　元代接受汉族传统的爱玉风尚，继承了宋金传统琢法技艺。此器雕两兔匍匐于地，相背依偎，姿态略异，头部和四肢特征明显。

08

青玉兔形佩
Jade Carved Rabbit-shaped Pendant

明
Ming dynasty
宽 4.2 厘米

　　兔形玉雕是明代玉器的常见题材。玉器上的兔子通常与花草、祥云等元素共同构图。此器雕琢一站立兔子回首衔花。兔子长耳直立，一足抬起，细节生动。

09

青玉兔纹花片
Jade Ornament with Rabbit Design

元
Yuan dynasty
宽 4.8 厘米

　　该器雕工精细，图案美观。正面镂雕一四肢修长矫健的兔子卧于花荫，仰首似嗅花草芬芳。以植物花纹为背景，灵芝状云纹点缀其间。

10

青玉雕兔提携
Jade Carved Rabbit Ornament

元
Yuan dynasty
宽 5.9 厘米

　　提携，又称提喜、玉束带，两侧间有扁形通孔可穿革带，束带下部有椭圆形孔，可系挂物品。该器由青玉雕成，浮雕一回首兔，兔子上方有祥云装饰。

II

青玉兔
Jade Carved Rabbits

明
Ming dynasty
宽 5 厘米

　　该器为双兔捣药造型。两只兔子相对而立，共同持杵，一起捣臼中的药，雕工简练，造型可爱，寓意吉祥。玉兔捣药为著名神话传说的情节，据说吃了玉兔捣的药可长生。

12

青玉兔饰件

Jade Carved Circular Ornament with Rabbit Design

明

Ming dynasty

直径 4.7 厘米

　　此圆形玉饰上雕有一兔蹲坐于树荫草丛中，身旁有臼、臼中
插杵，应是在表现传说里月宫中捣仙药的玉兔，寓意长寿吉祥。

13

铜兔
Copper Rabbit

明
Ming dynasty
高 7 厘米，宽 4.5 厘米

此器铜质，造型为一只圆润丰硕的兔子作回首望月状。兔子双耳耸立、双目圆睁、嘴巴张开、憨态可掬、乖巧可爱。

14

青玉雕兔带板
Jade Carved Belt-buckle with Rabbit Design

明
Ming dynasty
宽 6 厘米

作品镂雕出万字锦地纹，前有万字、寿字与灵芝、瑞兔，整体呈一桃形，取意万寿吉祥，或为祝寿之物。

15

玛瑙兔
Agate Rabbit

明
Ming dynasty
宽 4 厘米

　　玛瑙圆雕卧兔，整体小巧，材质光润，雕工简洁，突出了
兔子外形的基本特征。兔身滚圆，四足曲卧，形象温顺可爱。

16

琥珀兔
Amber Rabbit

明
Ming dynasty
宽 4 厘米

　　明代以兔为题材的作品繁多，从材质到题材，再到雕刻手法，样式十分丰富。这只琥珀雕成的兔子呈蹲卧状，头上双耳长且后抿，四肢前屈蹲卧，造型生动写实，姿态安闲惬意。

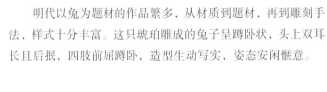

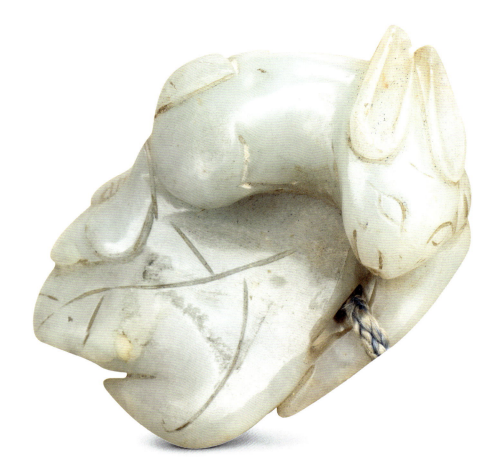

17

青玉卧兔

Green Jade Crouching Rabbit

清
Qing dynasty
宽 4.8 厘米

　　作品圆雕出一伏在花叶上凝望的卧兔形态，造型简洁又不
失细节，兔为兽，"叶"与"夜"同音，此玉饰品谐音"守夜"，
含有驱邪祟、保平安之意。

18

小玉兔
Miniature Jade Rabbit

清
Qing dynasty
宽 2 厘米

　　作品微雕一伏兔，双耳向后扬起，似在屏息观察，造型准
确生动，是同类玉雕作品中的杰作。

19

青玉雕兔牌子

Green Jade Tablet with Rabbit Design

清

Qing dynasty

宽 5.5 厘米

此件玉牌正面浅浮雕一只兔子蹲卧在草丛中，作抬首望月状，上方有祥云伴随圆月悬于空中。玉牌上方透雕一对玉龙，增加贵气。以玉兔望月为题材，寓意美好，寄托亲人团聚的愿望。

20

兔形鼻烟壶
Snuff-bottle in the Shape of a Rabbit

清
Qing dynasty
宽 6 厘米

清代是鼻烟壶制作的鼎盛期。该器利用材料天然颜色雕琢成一圆润可爱的白兔，以红珊瑚作为兔眼点睛，设计巧妙，做工精细，生动美观，是一件赏心悦目的随身美器。

21

仿宋玉兔朝元歙砚

Shexian-inkstone with Rabbit Design
in the Style of Song Dynasty

清

Qing dynasty

直径 9.9 厘米，厚 2.1 厘米

此砚为正圆形，砚面无砚池，雕有玉兔朝元图，相传图案始创于宋，表示玉兔在岁始对月亮的谒见。此砚式以圆润典雅、小巧可人的气质风格受到清代贵胄士人的喜爱。歙砚原产于江西婺源，其后在安徽歙县加工，故得名，为"四大名砚"之一。

22

白玉双兔耳杯

White Jade Cup with Rabbit-shaped Handles

明

Ming dynasty

高 8.8 厘米

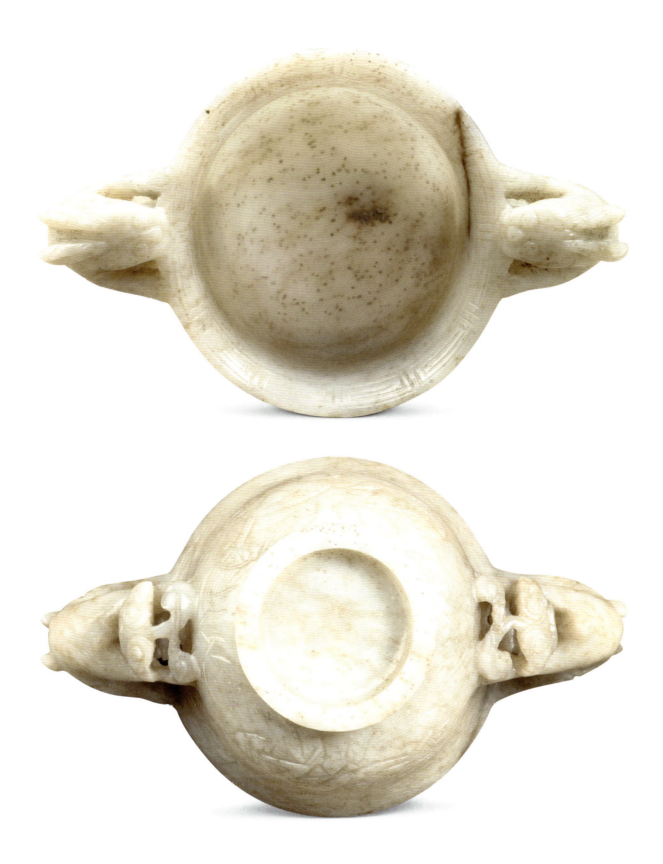

　　镂雕为中国治玉工艺中的传统技法，是在一块玉料上多次进行穿插透雕，或由余留的、或由空白的部分形成作品。明代的镂雕工艺在宋元的基础上发展起来，尤其在镂雕立体体块玉器方面实现质的飞跃，这件作品即属精品。双耳杯一般认为是由古代羽觞发展而来，最早的双耳玉杯见于宋代，明代双耳杯继承传统，但样式更为丰富。以玉兔为主题作双耳在明代并不多见，这件作品对于兔形态的把握精准，造型生动，尤其左右相对呼应，工艺精湛。杯身满工，前后阴刻饰有四爪龙纹，是同类器物中的珍罕之作。

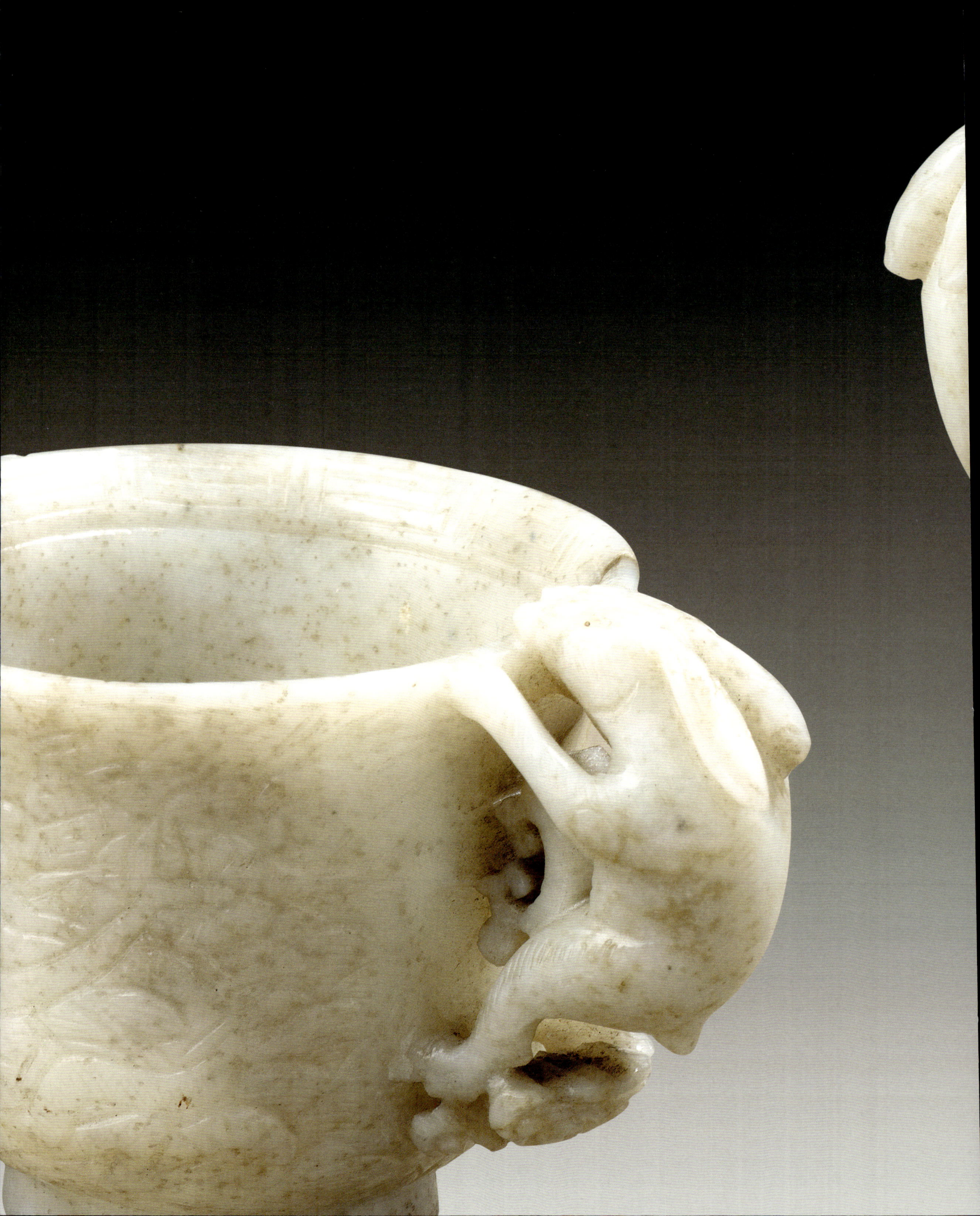

23

白玉寿字雕兔带板
White Jade Belt-buckle
with Design of Rabbits and Longevity Characters

明
Ming dynasty
宽 6.5 厘米

明代中期镂雕玉带板大为流行，多层的镂雕玉带板需求量
激增，精巧绝伦、不同于前的纹饰不断涌现。作品内饰万字、寿
字、灵芝卷草与玉兔，以"花下压花"的技艺表示出多层图案，
寓意万寿无疆。

24

青玉兔子帽花
Green Jade Ornament with Rabbit Design

明
Ming dynasty
宽 3.8 厘米

帽花是帽饰的一种，在明清两代广泛流行。兔子繁育能力强，在民间有多子多福、人丁兴旺的寓意。作品玉质润泽，由一大两小三只憨态可掬的兔子组成，惹人喜爱。

25

白玉"一团和气"饰件
White-jade Ornament
with "Peace and Harmony All over the Land" Design

清
Qing dynasty
直径 5.9 厘米

《一团和气图》是由明宪宗朱见深在新年创作的画作。画作借用东晋儒生陶渊明、和尚慧远、道士陆修静"虎溪三笑"的典故，来表明自己对新的一年儒、释、道三教合一的理想期望。"一团和气"图案流入民间后流传广泛，备受喜爱，逐渐从三人合抱一团演变成一人持展开的"一团和气"手卷。此饰件即属后者。

26

釉里红双兔纹鼻烟壶
Underglaze-red Porcelain Snuff-bottle
with Two-rabbits Design

清
Qing dynasty
通高 9.4 厘米，底径 3 厘米

釉里红为釉下彩品种之一，因其在釉下彩绘，故称釉里红。釉里红的白地红花，对照鲜明，色彩明艳，给人以热烈喜庆的感受。此器绘山石双兔，趣味盎然。

27

开光番莲金执壶
Gold Ewer with Passion Flower Design

清同治
Qing dynasty, Tongzhi period
通高 32.1 厘米，口径 6.4 厘米，足径 11 厘米

　　此执壶为盛酒器。壶身錾饰蕉叶纹，开光内饰番莲纹。流、执柄、横梁与壶体焊接之一端皆装饰张口龙首。壶底錾刻楷书"同治十年"款及"重六十两八成"。金质上乘，器形端庄，奢华内敛，工艺精湛，是清廷金器的精品之作。

28

剔红冰梅纹葵花式捧盒

Lobed Red Lacquer Box
Carved with Plum Blossom Pattern

清
Qing dynasty
通高 11.5 厘米，口径 21 厘米

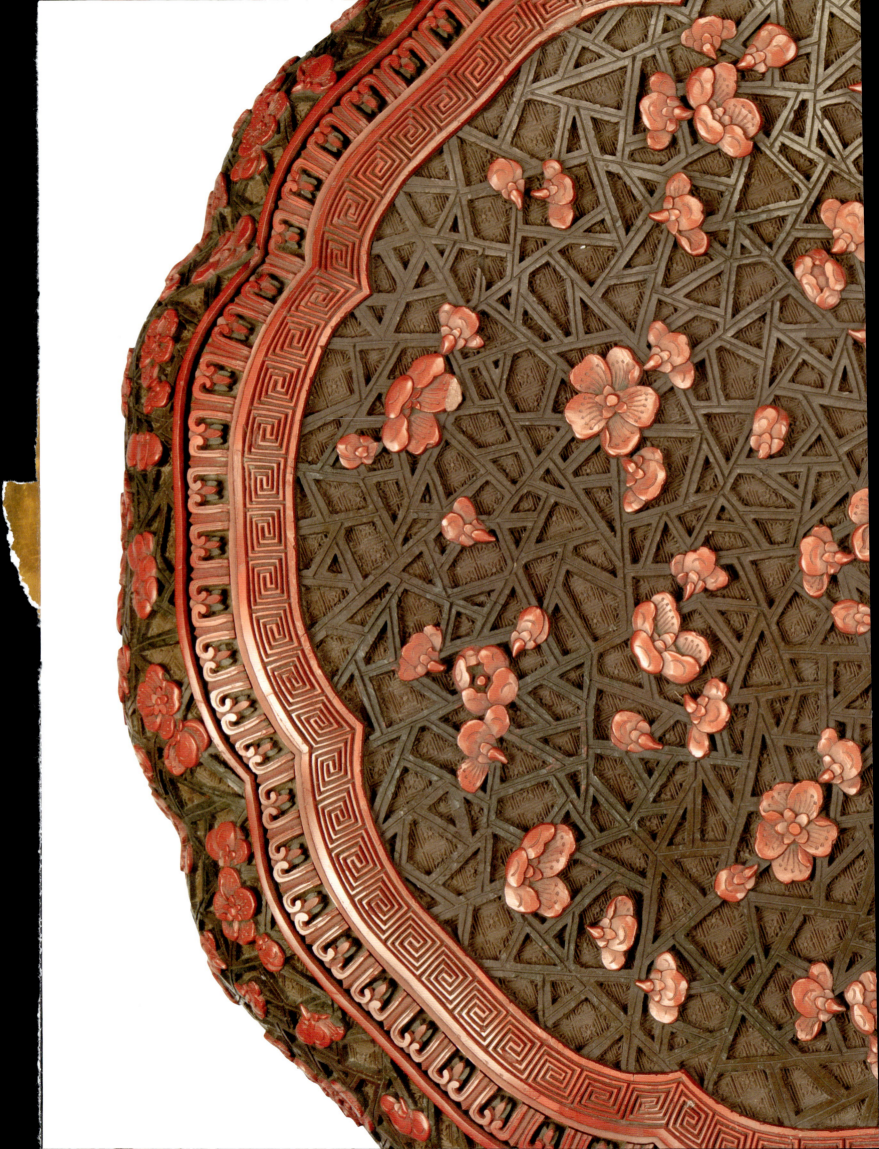

捧，承也，一般指两手托着，因盒身较大，需双手承托，故称捧盒。捧盒内配有暗八仙纹攒盘。攒，聚集，各不相同的盘整体可合为一盘，故名攒盘。剔红是雕漆品种之一，又名雕红漆，其技法成熟于宋元，发展于明清。清代皇宫喜雕漆器物，多用吉祥图案、花纹、文字等进行装饰。捧盒谐音"合"，寓意团圆幸福、和和美美。冰梅纹寓梅花独开于寒冬之意，恰合时令。

29

剔红益寿宝盒
Lidded Red Lacquer Treasure Box

清乾隆
Qing dynasty, Qianlong period
通高 11.5 厘米，口径 21 厘米

圆形盖盒。盒里髹黑漆，用金漆楷书"益寿宝盒"四字。盒底金漆楷书"大清乾隆年制"款。器身满雕多层花卉，工整美观。乾隆帝积极主导宫廷漆器的制作，开创出华丽精巧的典型风格，这件宝盒属典型器。

30

黄地粉彩花果团龙捧盒

Fencai Porcelain Box with Flowers, Fruits
and Dragon Design on Yellow Ground

清光绪

Qing dynasty, Guangxu period

高 16.8 厘米，口径 29.3 厘米

盒扁圆形，圈足。上下子母口套合。足内施白釉，红彩书"体和殿制"四字篆书款。外壁通体以黄釉粉彩为饰，盖合处以红料绘回形纹，外壁上下绘吉祥寓意花木，盖顶部有圆形开光，内彩绘金龙一条。

"体和殿制"款瓷器为慈禧太后万寿用瓷，是为庆祝其生日，由景德镇御窑厂专门烧造的供该殿陈设和慈禧用膳的瓷器。

31

珊瑚釉套杯

Set of Porcelain Cups with Coral Red Glaze

清

Qing dynasty

口径 10.1 厘米，高 5.7 厘米

套杯常用于行酒令，一般 9 只或 10 只成套，形制相同，由小至大，多为广口，直壁渐收，圈足。杯体罩施白釉，外壁满施珊瑚红釉，底绘青花吉祥纹饰。珊瑚釉是清初创烧的一种低温铁红釉，釉色均匀，呈色红中闪黄，因似天然珊瑚颜色而得名。

32

红彩蝠寿套杯

Set of Porcelain Cups with Red Design of Bats
and Longevity Characters

清
Qing dynasty
口径 10.8 厘米，高 5.8 厘米

套杯因数量众多，成套收置时需顶平不晃，故烧制难度较大，且流传中很难成套保全。该作品一套9只，通体罩施白釉，外壁红彩绘福寿纹，花纹随逐渐增大的杯体而进行调整，变化自然，设计精致，是可供把玩的一套美器。

33

蓝地绿彩宝相花套杯
Set of Porcelain Cups with Rosette Design
in Green on Blue Ground

清乾隆
Qing dynasty, Qianlong period
口径 10 厘米，高 4.9 厘米

套杯为二次烧制而成。杯口外撇，无圈足。胎白，质细腻。外壁蓝地晕染得宜，富有层次感。留白处绘低温绿釉、蓝釉宝相花纹，莹润可爱。套杯色彩凝重庄严，以青衬绿，以暗显亮。底书"乾隆年制"篆书款。

34

白玉桃蝠水丞
White Jade Water Container with Peach and Bat Design

清
Qing dynasty
宽 7.1 厘米

　　水丞属文房用具，可贮水，以备研墨、洗笔之用。该器以整块白玉雕成，玉质精良，工艺精湛，外壁浮雕桃、蝙蝠等图形，寓意福寿双全，是一件吉祥精致的文房雅器。

35

青玉双鹌鹑

Green Jade Ornament in the Shape of Double Quails

清

Qing dynasty

宽 10.5 厘米

　　玉质取材精良，温润古朴，通体雕琢成一对交颈卧坐鹌鹑。雕工细腻，刻画精巧，打磨光滑，工艺高超。鹌鹑是常用图案和器物造型，寓平安之意。一对鹌鹑则象征"双安"。

36

酱地描金云蝠石釉绿里手卷式笔筒

Porcelain Brush Holder with Bats among Clouds
Pattern on Dark-reddish Brown Ground

清乾隆
Qing dynasty, Qianlong period
高 8.8 厘米，直径 5.3 厘米

笔筒是文人案头常见的书房用具，式样繁多，饱含中华
文明诸多艺术与文化内涵。乾隆时期笔筒器型极富变化，手
卷即为其中一种。此笔筒作大小两书卷对接式，两部分颜色
截然不同，拦腰饰绿色系带装饰，宛如系带将两个书卷系牢
固定成笔筒。

37

铜胎掐丝珐琅凤耳福寿瓶
Cloisonné Enamel Porcelain Vase
with a Copper Body and Phoenix-shaped Ears

清
Qing dynasty
高 28.5 厘米，口径 6.6 厘米，足径 8.8 厘米

铜胎掐丝珐琅器造型典雅、色彩艳丽，在世界工艺史上享有很高的赞誉。此件扁瓶铜胎鎏金，以掐丝珐琅装饰、盘口、束长颈，颈饰凤耳、溜肩、圆腹，底承圈足。整器以湖蓝色为地，满饰各式花卉。开两圆光，填"福""寿"两字，饰祥云纹。

38

黄地粉彩福禄开光万寿无疆花蝶碗(一对)
Fencai Porcelain Bowl with Longevity Design on
Yellow Ground

清
Qing dynasty
口径 10.7 厘米，高 7 厘米

　　为举办同治皇帝婚礼，清廷从同治六年（1867）开始烧造皇帝大婚礼专用瓷器。居于长春宫的两宫皇太后在婚礼时的用瓷署"长春同庆"款。该碗全器外壁施浅黄釉，口沿描金一周，内心施白釉，粉彩满绘蝴蝶花朵纹。外腹部开四个圆形开光，开光内红彩分书"万寿无疆"四字。

39

黄地红锦纹开光粉彩云蝠红福禄寿喜字炉
Fencai Porcelain Incense Burner
with Auspicious Design on Yellow Ground

清
Qing dynasty
直径 23.5 厘米，高 11 厘米

　　此炉内壁施白釉，外腹黄釉锦纹地上绘红彩如意云纹，主题图案为四个圆形开光，内分别为"福""禄""寿""喜"四个楷书红字，每字周边配有五只蝙蝠和一周如意纹，含"五蝠捧寿"之意。此炉在黄釉地上饰多种纹样，突出吉祥寓意，为晚清宫廷用瓷常用装饰风格。

40

粉青白葫芦万代葫芦瓶
Gourd-shaped Light-greenish Blue Porcelain Bottle

清乾隆
Qing dynasty, Qianlong period
腹径 12.2 厘米，高 21.2 厘米

　　雍正、乾隆两朝致力于古瓷釉色的追仿，以粉青、梅子青著称的龙泉青瓷遂成为模拟的对象。瓶呈葫芦式样，造型饱满。通体内外满施粉青釉，釉面匀净光泽、釉质细腻，翠色娇嫩。外壁饰缠枝葫芦图案。葫芦器形象征多产多福，细长瓜藤代表子孙万代，谐音"福禄万代"。清乾隆窑装饰所用技法与宋、元龙泉青瓷出筋与贴花的技法十分不同，此作可视为融汇古今为一体的新作。

41

白玉花卉印盒
White Jade Seal Box with Floral Decoration

清

Qing dynasty

直径 7.2 厘米

印盒以上等和田白玉治成，质若凝脂，华而不浮。盖身以子母口相合。盒盖圆形开光，以浅浮雕技法琢宝相花八方如意纹，八方代指天下。器身环饰如意缠枝纹，素雅均静。印盒掏膛精细圆润。整器雍容华美，芳华可人。

42

黄地粉彩朵花方盒

Fencai Porcelain Square Box with Floral Decoration
on Yellow Ground

清嘉庆
Qing dynasty, Jiaqing period
边长 7.7 厘米

盒呈正方形，盒盖盒身子母口扣合严谨。盒内满施松石绿釉，通体以黄釉为地，上饰粉彩缠枝莲纹，间设红蝠繁花，奢华繁缛。盖上正中以金彩精绘万寿团花。盒底施松石绿釉，以红彩书"大清嘉庆年制"六字三行篆书款。方盒吉庆华丽，雍容富贵，呈现出一派皇家恢宏富丽之气象。

43

铜胎画珐琅提梁壶

Copper-bodied Painted Enameled Porcelain Teapot with High Handles

清乾隆
Qing dynasty, Qianlong period
高 19.4 厘米，口径 5.3 厘米，底径 5.6 厘米

画珐琅是珐琅器中的一种，以单色珐琅釉料直接涂画于金属胎为地，再用各色珐琅釉料绘制图案花纹。画珐琅茗具深得乾隆皇帝喜爱，他亲身参与设计定制，不惜成本，器物异彩纷呈，享有盛誉。这件作品壶身有六棱，壶身高、海棠形提梁，通体白色珐琅釉地。提梁、壶口、足绘有折枝花卉。盖及壶身通体绘各不相同的团花，成团花簇锦纹。做工精细，设计巧妙、设色明快，属乾隆时期画珐琅器中的精品。纹饰见于同时代日本漆器，可见工艺美术是中日两国文化联系的重要纽带。

44

红木云石面嵌螺钿圆桌

Rosewood Round Table with a Marble Top
and Mother-of-pearl Inlays

清
Qing dynasty
直径 93.5 厘米，高 86.3 厘米

中国人使用圆桌可追溯至魏晋时期。圆桌促使人们围坐在一起吃饭成为习惯。入座之人依序落座，长幼有序、尊卑有别，形成了落座原则。可以说，是圆桌改变了家人对坐的意义，构建出了一个家的中心。

45

红木云石面嵌螺钿绣墩(一套4个)
**Rosewood Stool with a Marble Top
and Mother-of-pearl Inlays (Set of Four)**

清
Qing dynasty
面径 34.5 厘米，高 51.5 厘米

绣墩又名坐墩、鼓墩，因它仍保留着鼓的形状得名，是我国古代一种常用的坐具，因上常覆盖丝绣织物而得名绣墩，造型多样。为了提携方便，绣墩腰部常在中间开出透孔，本套作品所开为海棠式。

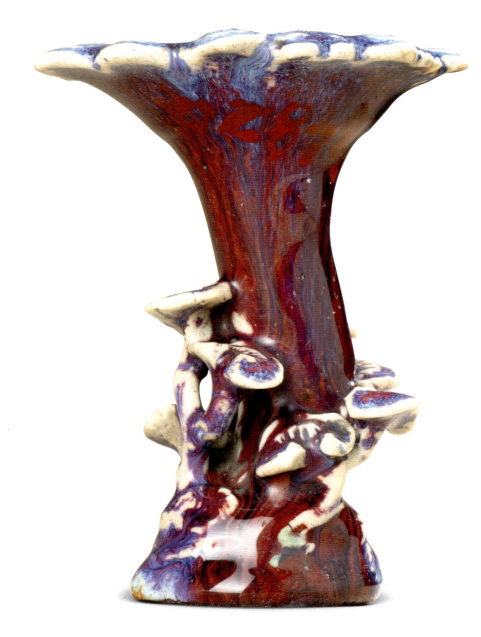

46

窑变釉灵芝花插

Flambé Porcelain Vase in the Form of Lingzhi-fungus

清雍正

Qing dynasty, Yongzheng period

高 10 厘米，口径 8.5 厘米，底径 5 厘米

灵芝有"仙草""瑞草"之称，象征富贵、吉祥、长寿。花插以一大灵芝为主体，周身簇拥多株小灵芝，造型富有动感。整体施窑变釉，色呈紫红色，间以蓝色、月白色，变幻多姿，属窑变釉精品。

47

青玉灵芝如意
Green Jade Ruyi-scepter
in the Shape of Lingzhi-fungus

清
Qing dynasty
长 33.5 厘米

中国古代有用于背部搔痒的爪杖，经过演变成为吉祥之物
"如意"。明清时期常常使用灵芝造型装饰器物，以求吉祥驱邪、
健康长寿、国泰民安、太平祥和之意。

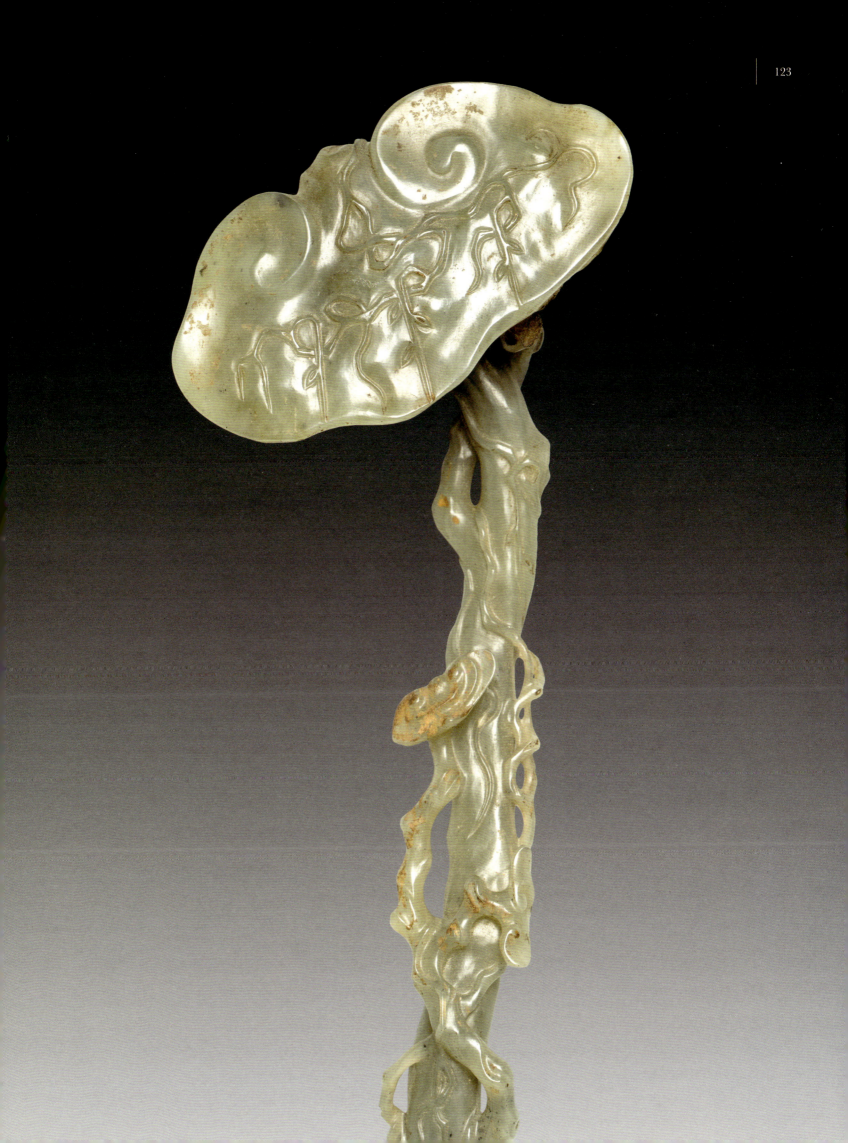

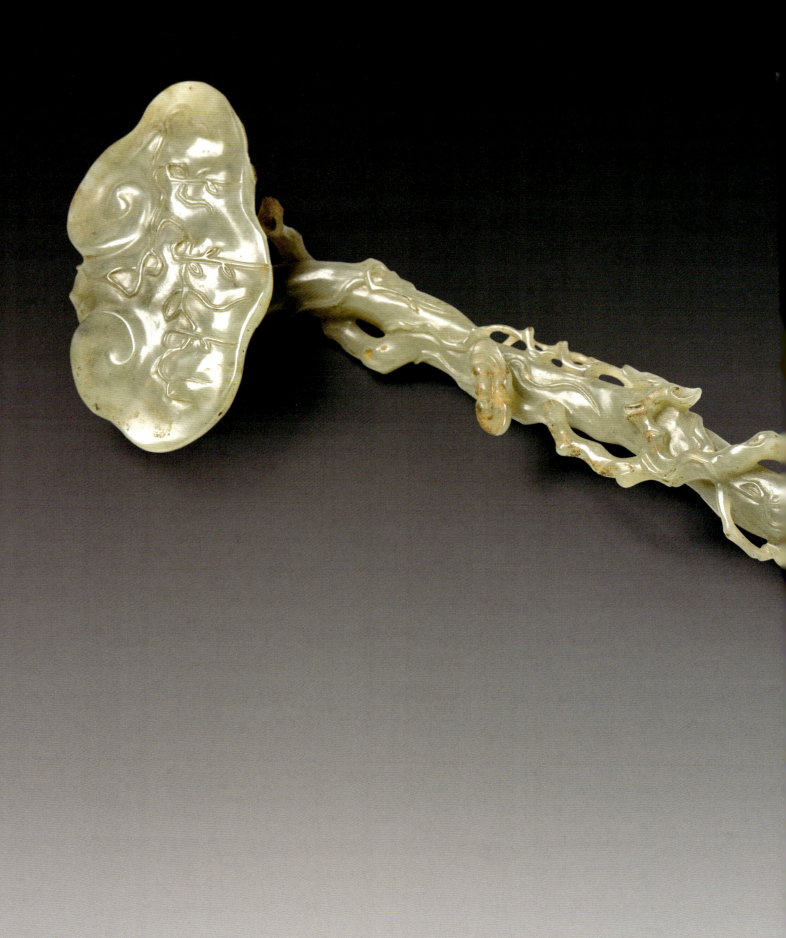

48

青玉灵芝如意
Green Jade Ruyi-scepter
in the Shape of Lingzhi-fungus

清
Qing dynasty
长 27.5 厘米

以灵芝造型为主的如意被赋予吉祥驱邪的涵义，备受古人青睐，成为承载祈福禳灾美好愿望的贵重礼品。此件佐以松、竹等象征长寿、高洁之意的植物，增加了如意的美好寓意。

49

松石绿凸花如意
Turquoise-green Glazed Ruyi-scepter
Embossed with Floral Design

清嘉庆
Qing dynasty, Jiaqing period
长 32 厘米，底宽 4 厘米，底厚 1.5 厘米，头高 5 厘米，头宽 10
厘米

明高濂《遵生八笺》中将如意归入文房器玩。清乾隆帝认为如意寓意吉祥，甚为喜爱，不仅以多种材质大为制造，且将之视为"联上下之情"的媒介而广用于赏赐。嘉庆帝延续此风。此如意所施为松石绿釉，是以铜为着色剂的低温彩釉，因发色与绿松石相似而得名。此种釉在清雍正时期创烧成功，乾隆时期流行。该柄如意使用陶瓷仿造出绿松石的色泽和纹路，色泽妍丽，逼真自然。

50

青花蕃莲如意耳尊
Blue-and-white Porcelain Vase
with Ruyi-shaped Handles

清乾隆
Qing dynasty, Qianlong period
高 23.2 厘米、口径 4.6 厘米、底径 10.2 厘米

　　此器蒜头形口、束颈，颈凸起弦纹、圆腹、圈足。因肩、腹处对称绶带耳形似如意，故称"如意尊"。通体绘青花蕃莲纹，辅以如意云头、卷草纹、莲瓣纹等边饰。底青花六字"大清乾隆年制"篆书款。

51

青花缠枝莲五格柿形盖洗
Lidded Blue-and-white Porcelain Washer
with Interlocking Floral Pattern

清
Qing dynasty
口半径 16.2 厘米，高 9 厘米

　　此器分为盖与器身两部分，子母口，器身为扁形，通体
满绘青花缠枝莲纹。盒盖钮为柿子形状，寓意"柿柿（事事）
如意"。

52

粉彩缠枝番莲纹磬

Fencai Porcelain Chime with Interlocking Floral
Pattern and Passion Flower Design

清
Qing dynasty
高 2.5 厘米，长 66.5 厘米

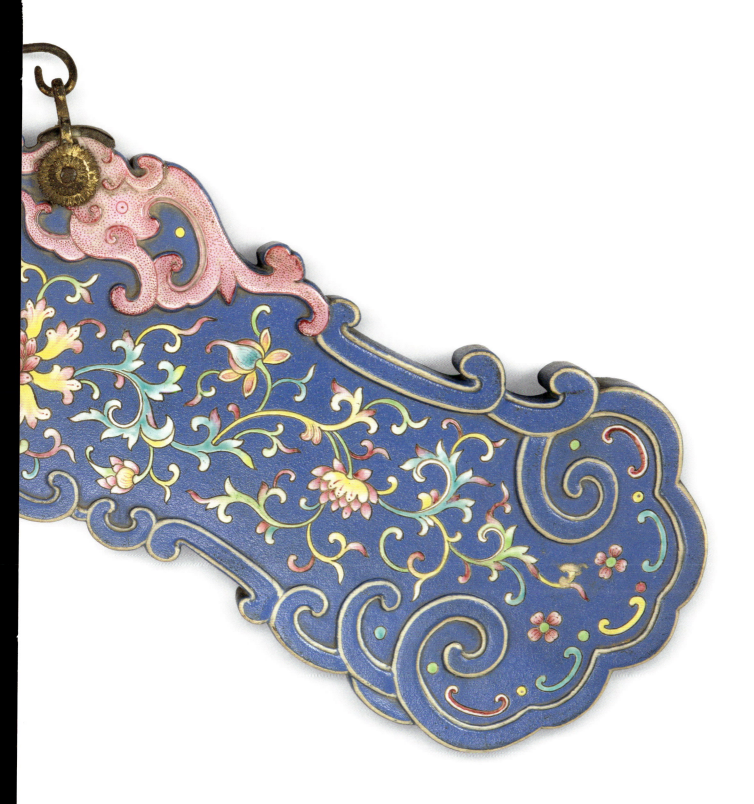

磬为乐器，以槌击之，声音绵长悦耳。击磬谐音"吉
庆"，有"吉庆有余"的含义。此磬通体绘满缠枝番莲纹，
上端有钩环可悬挂于木架之上，既可为乐器，又是一件精
美的艺术陈设品。

一

火树银花合，星桥铁锁开。暗尘随马去，明月逐人来。
游伎皆秾李，行歌尽落梅。金吾不禁夜，玉漏莫相催。

53

粉彩婴戏图灯笼尊

Fencai Porcelain Vase with Children at Play Design

清嘉庆
Qing dynasty, Jiaqing period
高 22.9 厘米，口径 8.8 厘米，底径 7.8 厘米

灯笼瓶器形在嘉庆时颇得喜爱。侈口、束颈、溜肩、筒状腹、圈足。内施松石绿釉，器外壁粉彩装饰，主题纹样为婴戏图，辅以红色地如意头纹等，外底施松石绿釉，上矾红彩书"大清嘉庆年制"六字楷书款。

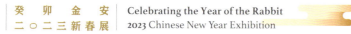

54

青玉佛手
Green Jade Fingered Citron

清
Qing dynasty
长 22 厘米

佛手纹为清代玉器常见纹饰，因形状似人手，故名"佛手"，"佛"与"福"近音，故常以佛手象征福寿。此器以整块优质青玉雕成，制作精美，形态美观。

55

白玉鱼形佩
White Jade Fish-shaped Pendant

宋
Song dynasty
长 4.7 厘米，宽 3.2 厘米

此器以青白玉雕成，鱼呈跃动状，身体弯成弧形、鱼尾上翘，略有扭折，活泼灵巧。鱼身线条流畅，富于动感。鱼眼以小圆坑琢治，鱼口中衔莲，寓意"连年有余"。作品风格古朴，是较为罕见的宋玉典型器。

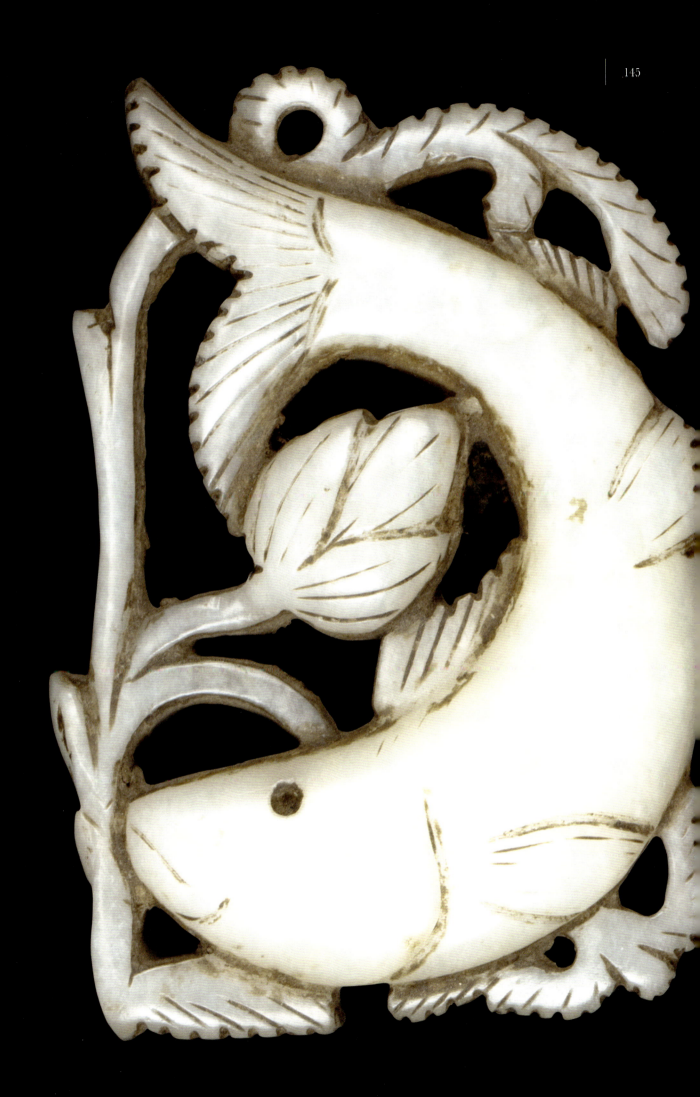

56

青花缠枝莲八吉祥双管四方瓶
Blue-and-white Porcelain Vase with Interlocking
Floral Pattern and Eight Buddhist Emblems
of Good Augury

清
Qing dynasty
腹径 21.2 厘米，高 33.8 厘米

器型敦硕、端凝典雅，上饰缠枝莲纹、暗八仙纹、八吉祥纹，青翠欲滴，精美吉祥。"暗八仙"即扇、剑、葫芦、花篮、笛、阴阳板、渔鼓、荷花八件道教法宝。"八吉祥"即法轮、法螺、宝伞、白盖、莲花、宝瓶、金鱼、盘长结，是佛家常用的象征吉祥的八件器物。

57

粉彩朵莲八宝花觚
Fencai Porcelain Beaker Vase with Floral Pattern and Eight Emblems

清道光
Qing dynasty, Daoguang period
高 35.2 厘米，口径 19 厘米，足径 13.7 厘米

器形仿自青铜觚，分烧上下组合而成。侈口、长颈、小圆腹，胫部外撇似钟形，内施松石绿釉，佛教八宝分绘于颈部及胫部，其余通体绘缠枝莲纹，颈根处绘多彩回纹。

58

粉彩开光花卉纹壁瓶(一对)

Fencai Porcelain Vase with Floral Design within
Reserved Panels

清乾隆
Qing dynasty, Qianlong period
高 20.4 厘米，口径 5.1 厘米，足径 6 厘米

壁瓶在清廷档案中也称"挂瓶"，一般作为装饰挂于壁
上，间有插新鲜时令花卉。乾隆帝尤其钟爱这一类小巧精致
的器物，常常下旨令烧制不同样式以供御用。

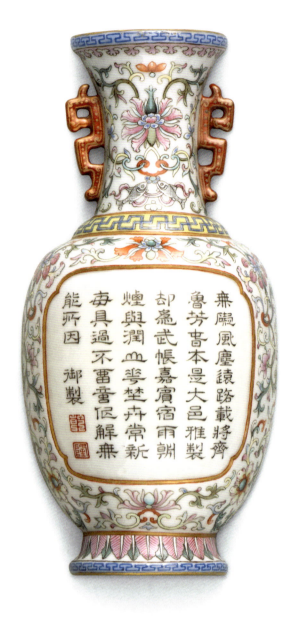

59

粉彩开光诗文壁瓶

Fencai Porcelain Vase with Poems Decoration within Reserved Panels

清乾隆
Qing dynasty, Qianlong period
高 19 厘米

　　出于对壁瓶的喜爱，乾隆常下旨烧制篆、隶、楷、行、草不同书体的御制诗主题壁瓶，此件即其中之一。诗曰："无碍风尘远路，载将齐鲁芳春。本是大邑雅制，却为武帐嘉宾。宿雨朝烟与润，山华野卉常新。每具过不留意，似解无能所因。"

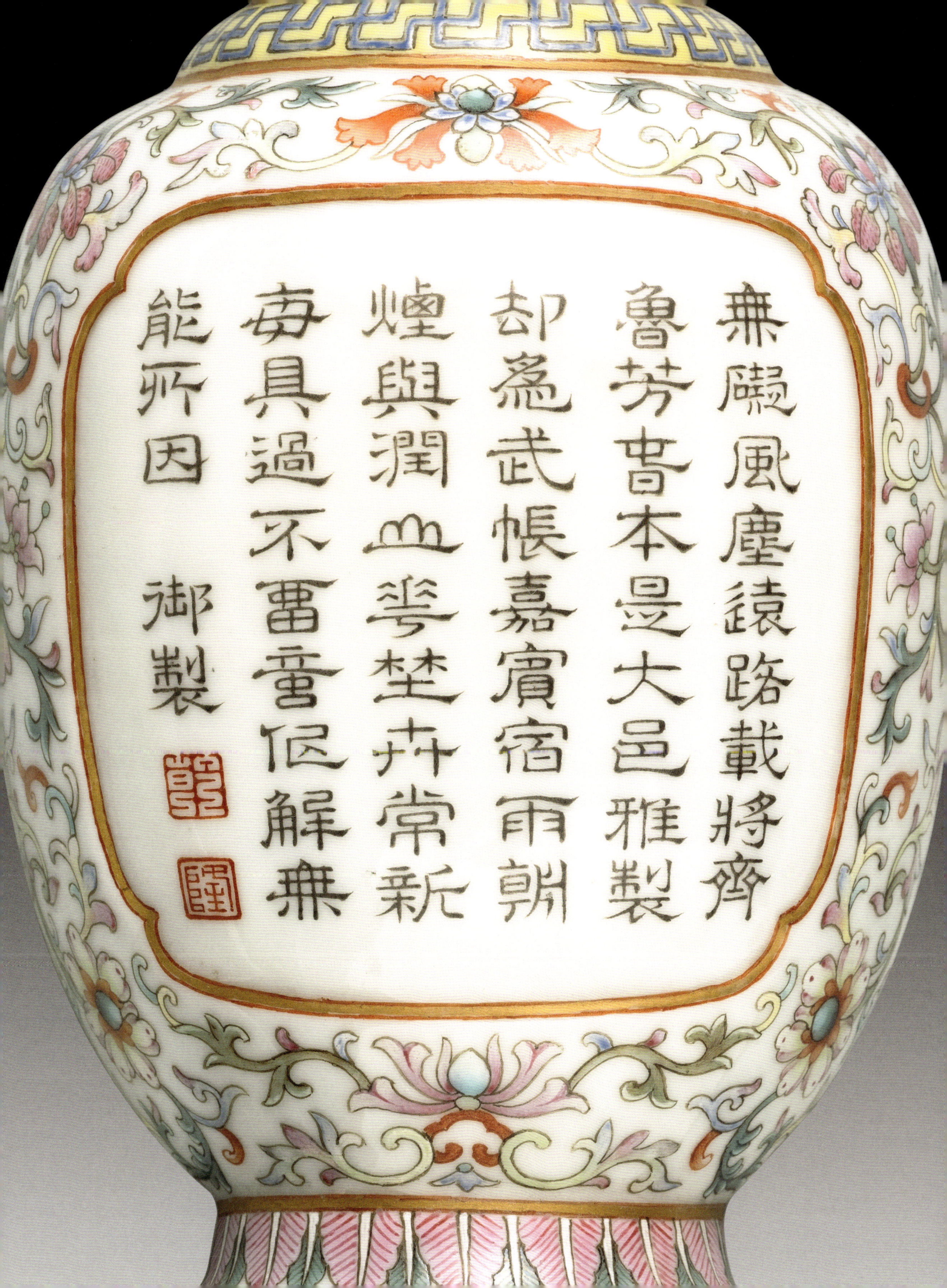
無颺風塵遠路載將齊
魯芳書本是大邑雅製
却為武帳嘉賓宿雨朝
煙與潤山夸楚卉常新
毋具過不畱量促解無
能所因
御製

60

矾红地金彩二龙捧寿纹双耳葫芦瓶

Gourd-shaped Porcelain Vase with Pearl-pursuing Dragon Design on Iron-red Ground

清
Qing dynasty
高 18 厘米，口径 3.4 厘米，足径 7.7 厘米

　　一般认为，葫芦扁瓶的烧制源自抱月瓶。器形上为圆腹，下为扁腹，底为椭圆形圈足。矾红地以金彩绘双龙戏珠纹、团蝠纹、团寿纹，寓意"福寿双全"。底落"乐善堂制"款。

61

红玻璃缠枝莲纹长颈瓶
Red Glass Flask with Interlocking Floral Pattern

清乾隆
Qing dynasty, Qianlong period
通高 22.5 厘米，口径 4.2 厘米，底径 5.9 厘米

瓶直口、长颈、圆腹、足圈外撇。通体白地上套宝石红料，
口沿下多道弦纹，通体雕缠枝莲纹，间设蝙蝠纹，寓意富贵。

62

黄地洋彩番莲纹碗（一对）

Porcelain Bowl with Passion Flower Design on Yellow
Ground

清乾隆

Qing dynasty, Qianlong period

高 8 厘米，口径 17.5 厘米，足径 8 厘米

清宫造办处一般称此类器物为"洋彩黄地洋花宫碗"，乾隆
二年（1737）时始烧。碗敞口微撇，腹壁内收，矮直圈足，造
型端庄典雅。外壁黄釉地，满绘番莲、百合、洋菊、秋葵等花
卉，枝叶翻卷缠绕，色彩富丽。叶缘用白料晕染，呈现出光影
明暗。碗内壁薄施白釉，润泽若凝脂。

63

桃花洞釉灯笼瓶

Lantern-shaped Flambé Porcelain Vase

清乾隆

Qing dynasty, Qianlong period

高 16.5 厘米，口径 5.3 厘米，底径 5.4 厘米

桃花洞釉色瓷器是清乾隆时创烧的一种色斑釉瓷器，采用吹釉法在烧造好的白色瓷胎上施釉，色块形状不规则，对比鲜明，色彩艳丽，具有晕染效果。因烧制时间短，存世作品较少。

64

沉香雕八仙人如意
Eaglewood Ruyi-scepter with Eight Immortals Design

清
Qing dynasty
长 54 厘米，柄头宽 14.5 厘米，柄尾宽 5.5 厘米，高 10 厘米

沉香香气能够调气血、通经络，因形成原因复杂，是一种珍贵的不规则木材。作品以多块大块沉香拼接雕刻而成，寓意吉祥，兼具审美、养生双重价值。

65

圆明园海晏堂兔首
Rabbit Head Sculpture from the
Haiyantang Palace at Yuanmingyuan

清乾隆
Qing dynasty, Qianlong period
高 61 厘米（带底座）

兔首是圆明园西洋楼海晏堂十二生肖人身兽首铜像之一，为清乾隆年间意大利人郎世宁主持设计。十二生肖铜像分别代表一昼夜中的十二个时辰，每到一个时辰，代表这个时辰的生肖铜像便从嘴里自动喷出泉水。正午时，十二铜像口中同时喷出泉水。以水报时的十二生肖铜像是海晏堂的精华，闻名世界。

66

邵高水阁远眺图

Overlook of Waterside Pavilion

Shao Gao

明

Ming dynasty

纵 98.9 厘米，横 38.7 厘米

邵高之名仅见于《无声诗史》卷七："邵高，字弥高，吴县人，长于山水"，邵高、邵弥实即一人。邵弥原名高，明崇祯以后改名为弥，为"画中九友"之一。作品绘一高士居于水阁之中，作远眺群山状。山石布置别出新意，是晚明浅绛山水中的上乘之作，亦是画家罕见的早岁作品。

67

明人仿赵孟坚水仙轴

Narcissus after Zhao Mengjian's Style

Hanging scroll

Anonymous

明

Ming dynasty

纵 70 厘米，横 36 厘米

水仙野生于浙江、福建一带，后移入水器养护，成为新年常置于家中的时令花卉。对于水仙的喜爱在宋代最盛，水仙别称"金盏银台"。南宋赵孟坚深爱之，纯以墨色描绘出水仙亭亭玉立的简素之美，对后世影响深远。在明代，水仙属最上品，此作既是对赵孟坚画风的继承，也可视为清初恽寿平没骨花卉的雏形。

68

文徵明雪景轴
Snow Scene
Hanging scroll
Wen Zhengming

明
Ming dynasty
纵 110.5 厘米，横 32.5 厘米

　　《石渠宝笈续编·卷三十八御书房藏》著录。图绘寒林山寺积雪时的景致，内有一着红衣的高士正曳杖返回水阁。意境清幽，高士似正在打诗文腹稿，一如乾隆御题诗中所言："峰态不藏峻，溪声似带澌。策筇归阁者，腹藁恰成时。"

69

谢时臣袁安卧雪图轴

Yuan An's House Buried in Snow

Hanging scroll

Xie Shichen

明

Ming dynasty

纵 187 厘米，横 97 厘米

　　谢时臣是明中期具有文人学养的重要职业画家，尤钟情于雪景山水创作。明文徵明曾言："古之高人逸士，往往喜乔笔作山水以自娱，然多写雪景者盖欲假此以寄其岁寒明洁之意耳。"袁安卧雪的典故是明代较受欢迎的创作主题。作品构图完整，故事性强。

70

明人仿崔白双喜图轴

Two Magpies and a Hare after Cui Bai's Style

Hanging scroll

Anonymous

明

Ming dynasty

纵 196.8 厘米，横 123 厘米

《双喜图》是北宋画家崔白（1004—1088）的传世名迹。崔白注重写生，喜作田园山野景致，用笔率真刚劲、设色清淡，改变了宋初以来流行的黄筌父子浓丽细密的绘画风气。画作中绘喜鹊两只、野兔一只，尺幅较大于崔白原作，且在技法上颇具新意，与崔白双勾、积染、罩染、皴擦、簇点的方法颇有不同，使得画面整体呈现出浑然天成的温和效果，不同于宋人的别样趣味。

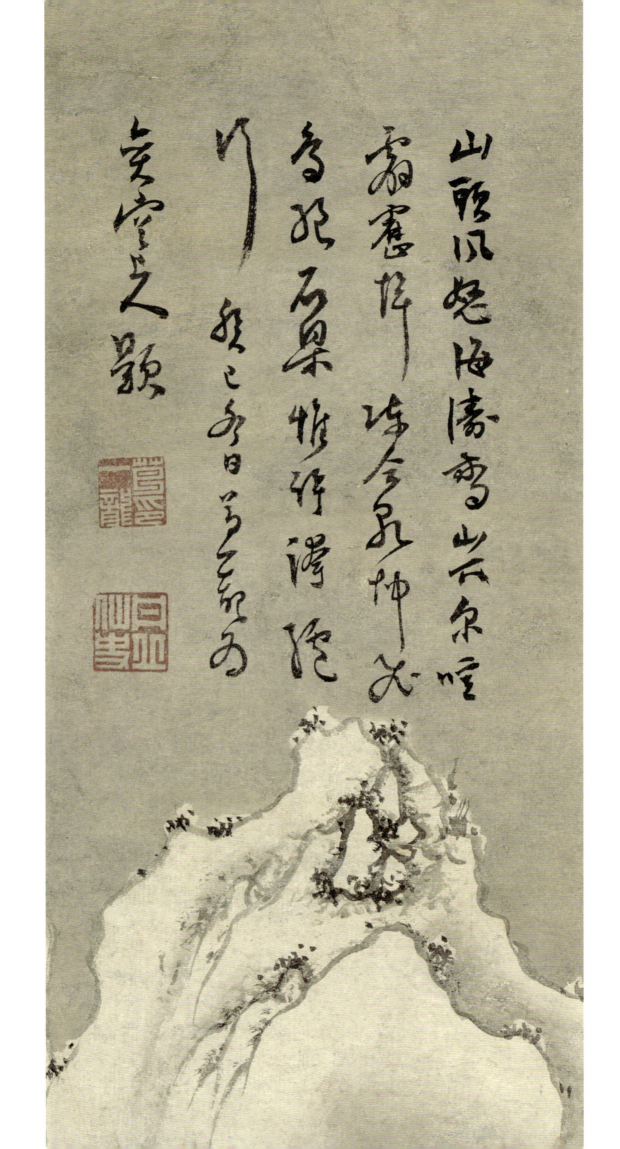

山頭風怒海濤喧　山尨泉喧
霜靄作　峰參差�& 坤岩
川　癸巳春日寫 干空天
石嵩怖作漫陀
黃賓虹題

明人山水轴

Landscapes

Hanging scroll

Anonymous

明

Ming dynasty

纵 82 厘米，横 33.5 厘米

释文：山头风怒海涛惊，山下泉喧霹雳声。冻合乾坤飞鸟绝，石梁惟许跨驴行。癸巳冬日葛一龙为弈空上人题。

图绘雪山行旅景色，山势苍莽、白雪皑皑。上有明代诗人葛一龙的题诗。

72

项圣谟墨梅轴
Ink Blossoming Plums
Hanging scroll
Xiang Shengmo

明
Ming dynasty
纵 60 厘米，横 30.3 厘米

　　项圣谟是明代大收藏家项元汴之孙，所见前代珍罕名迹甚多，是嘉兴项氏家族中绘事成就最高者。作品取梅树入画，得梅枝自然横斜的风致，穿插布置丰富自然，虽自谦为遣兴之作，仍可见画艺功深。

老梅當剛條苦萼培且手摩不採殘

梅一枝一華同根本不到橫斜不

剪裁

丁亥冬開雲山墨陽興

項聖謨

73

陈元龙书诗轴

Calligraphy of Poem

Hanging scroll

Chen Yuanlong

明

Ming dynasty

纵 144 厘米，横 43.1 厘米

释文：吴越梅花天下无，滇茶点破雪香图。两枝写出江南景，何日双筇得共扶。

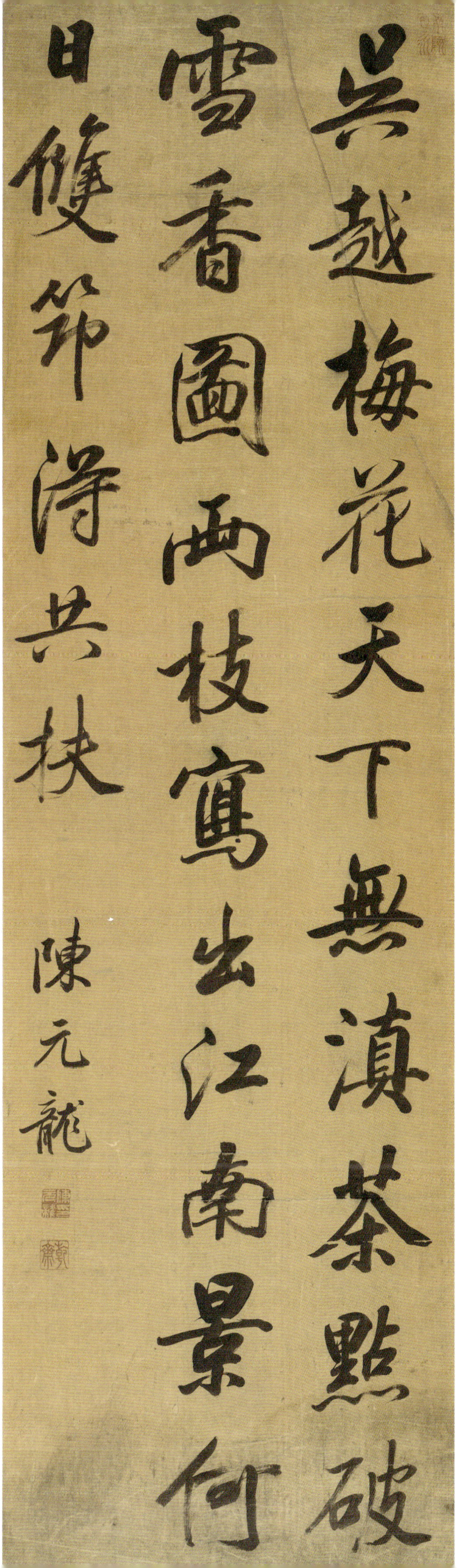

吳越梅花天下無滇茶點破

雪香圖兩枝寫出江南景何

日雙節浮共扶　陳元龍

74

左宗棠书联

Calligraphy Couplets

Zuo Zongtang

清

Qing dynasty

纵 168 厘米，横 39.8 厘米

释文：受福多年平康正直，长生无极明允笃诚。

長生無極明光萬誠

左宗棠

受福多年平康正直

光緒七年秋九月

197

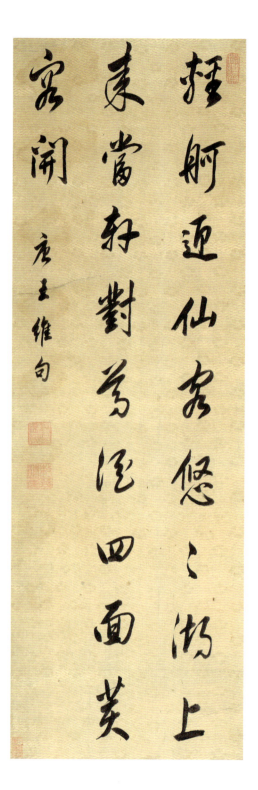

75

玄烨书诗轴

Calligraphy of Poem

Hanging scroll

Emperor Kangxi

清

Qing dynasty

纵 136.6 厘米，横 46 厘米

释文：轻舸迎仙客，悠悠湖上来。当轩对尊酒，四面芙蓉开。唐王维句。

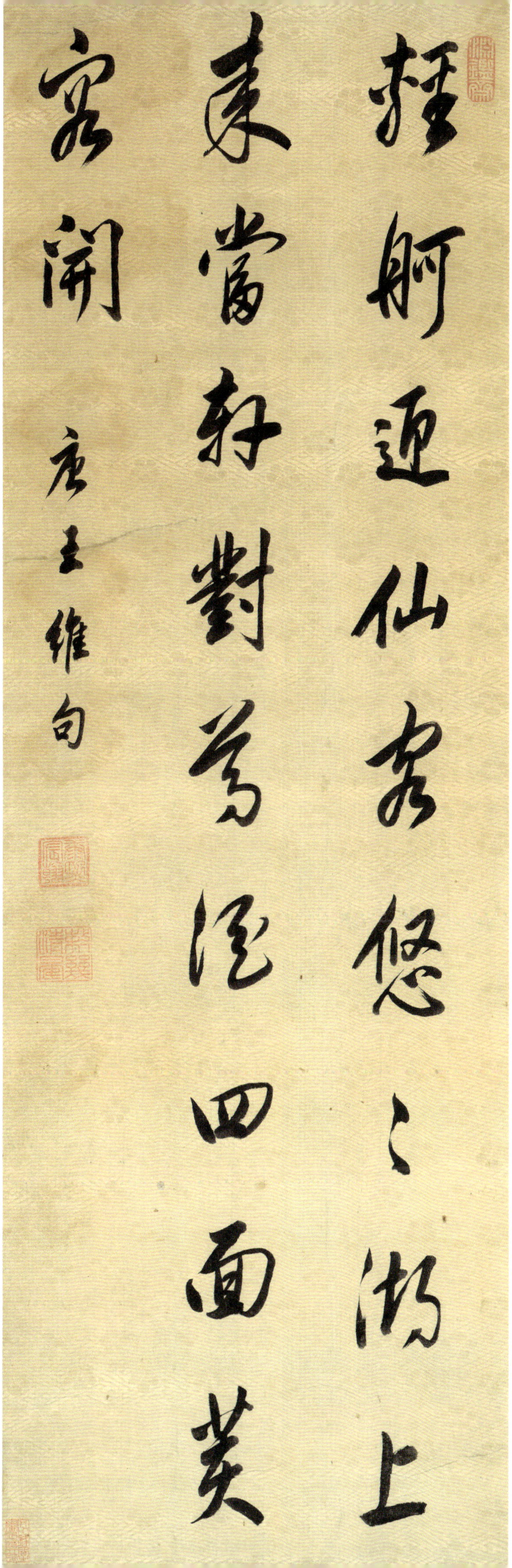
輕舸迎仙客悠悠湖上
來當軒對尊酒四面芙
蓉開
唐王維句

76

米万钟山水轴

Landscapes

Hanging scroll

Mi Wanzhong

清

Qing dynasty

纵 326 厘米，横 101.5 厘米

米万钟是米芾 16 世孙，是晚明画家吴彬的重要知交之一。吴彬曾在米万钟的勺园停留过一段时间，学界一般认为此件画作为其代笔。

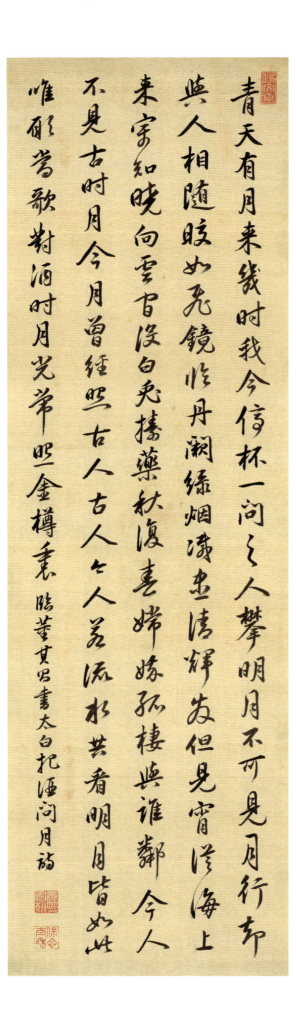

77

玄烨书诗轴
Calligraphy of Poem
Hanging scroll
Emperor Kangxi

清
Qing dynasty
纵 99.9 厘米，横 31.5 厘米

　　释文：青天有月来几时？我今停杯一问之。人攀明月不可见，月行却与人相随。皎如飞镜临丹阙，绿烟灭尽清辉发。但见宵从海上来，宁知晓向云间没。白兔捣药秋复春，嫦娥孤栖与谁邻？今人不见古时月，今月曾经照古人。古人今人若流水，共看明月皆如此。唯愿当歌对酒时，月光常照金樽里。临董其昌书太白把酒问月诗。

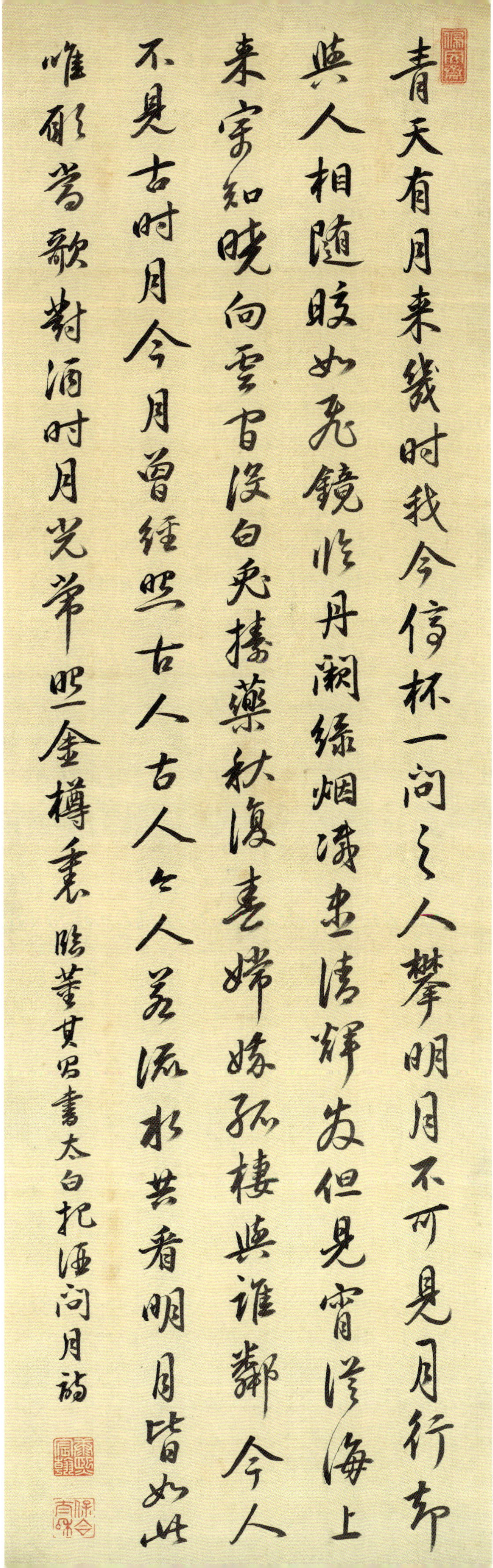

青天有月来几时我今停杯一问之人攀明月不可见月行却

与人相随皎如飞镜临丹阙绿烟灭尽清辉发但见宵从海上

来宁知晓向云间没白兔捣药秋复春嫦娥孤栖与谁邻今人

不见古时月今月曾经照古人古人今人若流水共看明月皆如此

唯愿当歌对酒时月光长照金樽里 临董其昌书太白把酒问月诗

78

袁耀春桃双禽轴
Peaches and Birds
Hanging scroll
Yuan Yao

清
Qing dynasty
纵 128.9 厘米，横 58.3 厘米

白头鹎 (bēi) 俗称白头翁，叫声悦耳，是江南园林中常见的鸟类，深受人们喜爱。袁耀为清中期扬州界画名家，偶作花鸟，得自然之趣。

79

王原祁晴峦春霭图轴
Mountains and Mist in Early Spring
Hanging scroll
Wang Yuanqi

清
Qing dynasty
纵 138.8 厘米，横 62.1 厘米

王原祁为"清初四王"中最年轻者，秉承家学，抗心希古，对山水画的发展及"娄东派"的形成起到重要作用。画风深受清廷欢迎，影响深广。此件画作描绘春天万物复苏、生机盎然之景，笔墨秀润，景物布置饶富文人兴味。

傳翁特至委屈留信宿再一盤

染之金文過訪成之重擴臉弱

拾于去末秋夢見方思汜汛

下而傳翁不以疥瘵為煙

家藏名作出林蜀以得余意

為秦一西話舍參荅而爰量歟

矣當

康熙戊寅小春婁東王原祁識

晴巒春靄

傅翁老郁掌科博學
鑒古爲風雅宗匠觀察天
雄時能識黄山谷真蹟於市
販中斷縑零落裝潢成卷
遂爲墨寶藏其眼也而於余
畫有癖嗜歷年倍究紛糾
久約未踐春初余過陽潤堂

80

陈洪绶卧石老梅轴
Jagged Old Plum Tree on Recumbent Rock
Hanging scroll
Chen Hongshou

清
Qing dynasty
纵 74.5 厘米，横 43.1 厘米

陈洪绶兼擅山水、花鸟、人物，是晚明"变形画风"的代表人物，对近代画坛产生很大影响。画作中的卧石、老梅造型奇特，勾勒寓美于朴，画面雅致静穆，动人心弦。

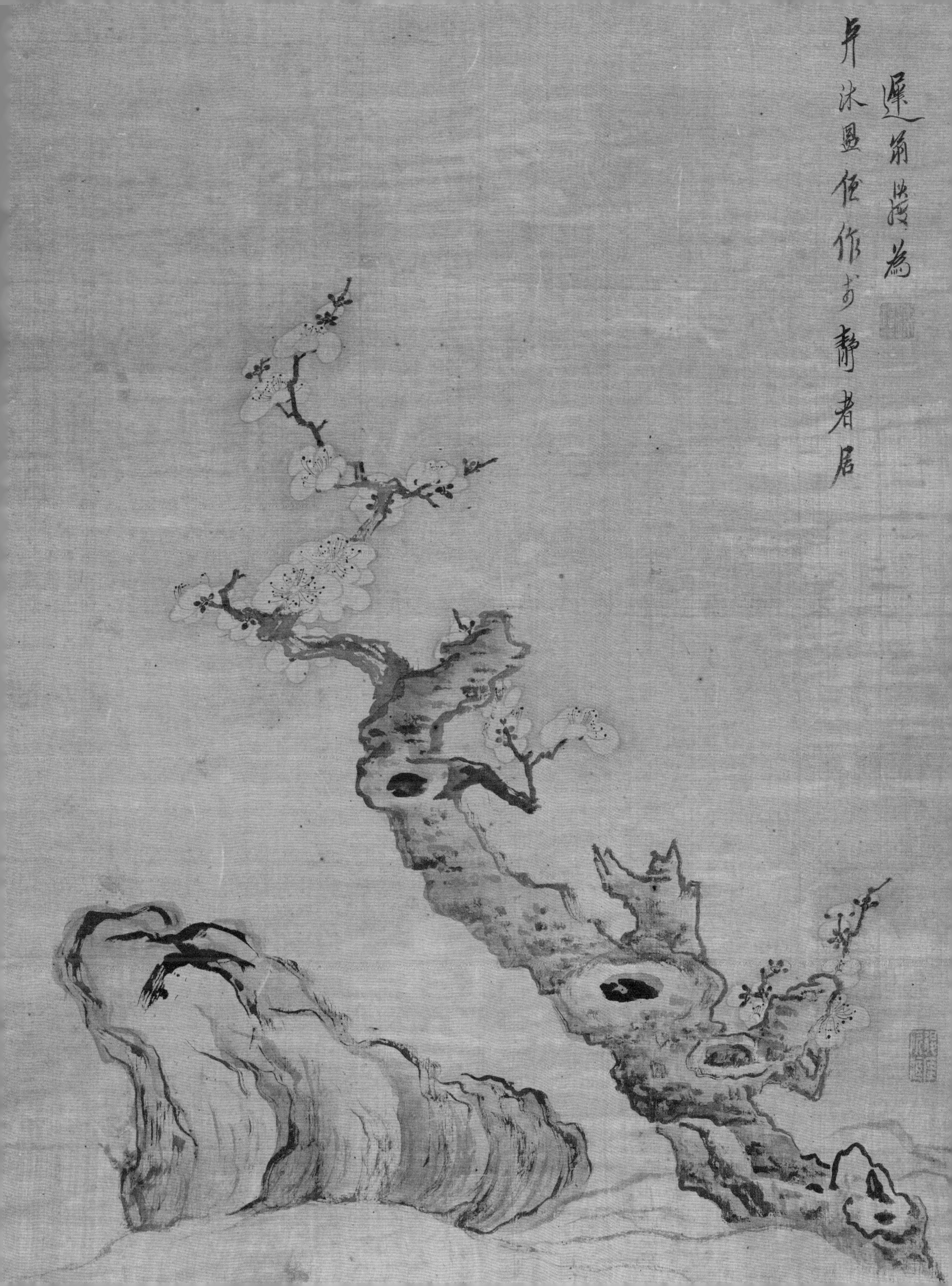
遲翁法護為
弁沐圖使作于靜者居

81

王武花卉扇面

Fan with Flowers Illustration

Wang Wu

清
Qing dynasty
宽 52 厘米

清初画家王武为王鏊六世孙，花鸟画清新秀逸，参学周
之冕、陆治画法，深得时人喜爱，与恽寿平齐名。作品以江
南春色为画题，内绘不同姿态的盛开桃花十余朵，设色明快、
用笔老练。

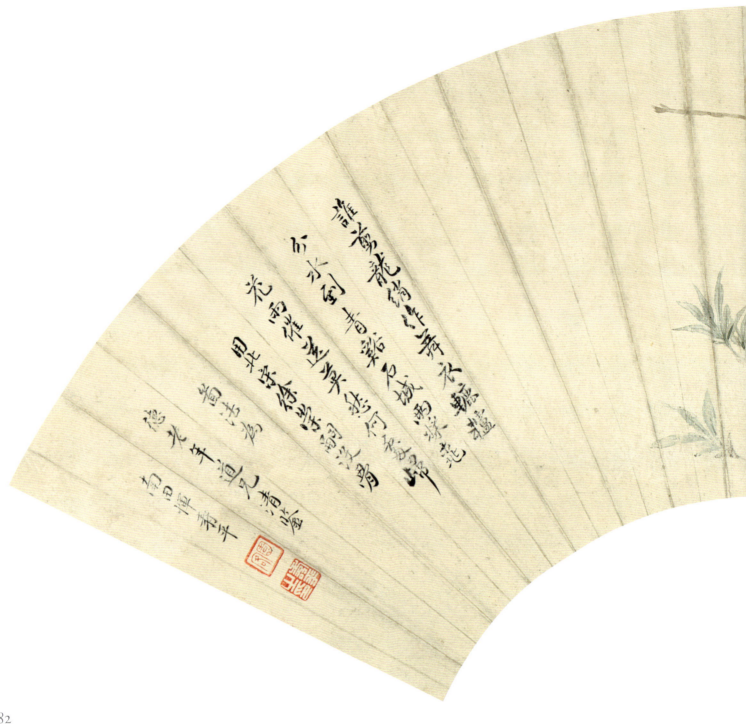

82

恽寿平桃花扇面

Fan with Peach Blossoms Illustration
Yun Shouping

清
Qing dynasty
长 18.6 厘米，宽 58.1 厘米

恽寿平诗文书画具佳，诗被誉为"毗陵六逸之冠"，书法被称为"恽体"；绘画与"四王"、吴历并称"清初六大家"，尤擅没骨花卉。所作作品自有高格，清逸空灵，广得赞誉。画家自言作品以北宋徐崇嗣法绘制，并书自题诗"谁剪龙绡作舞衣，辘轳分水到青溪。石城两桨桃花雨，催送莫愁何处归"于上。诗中青溪、石城为南京地名。

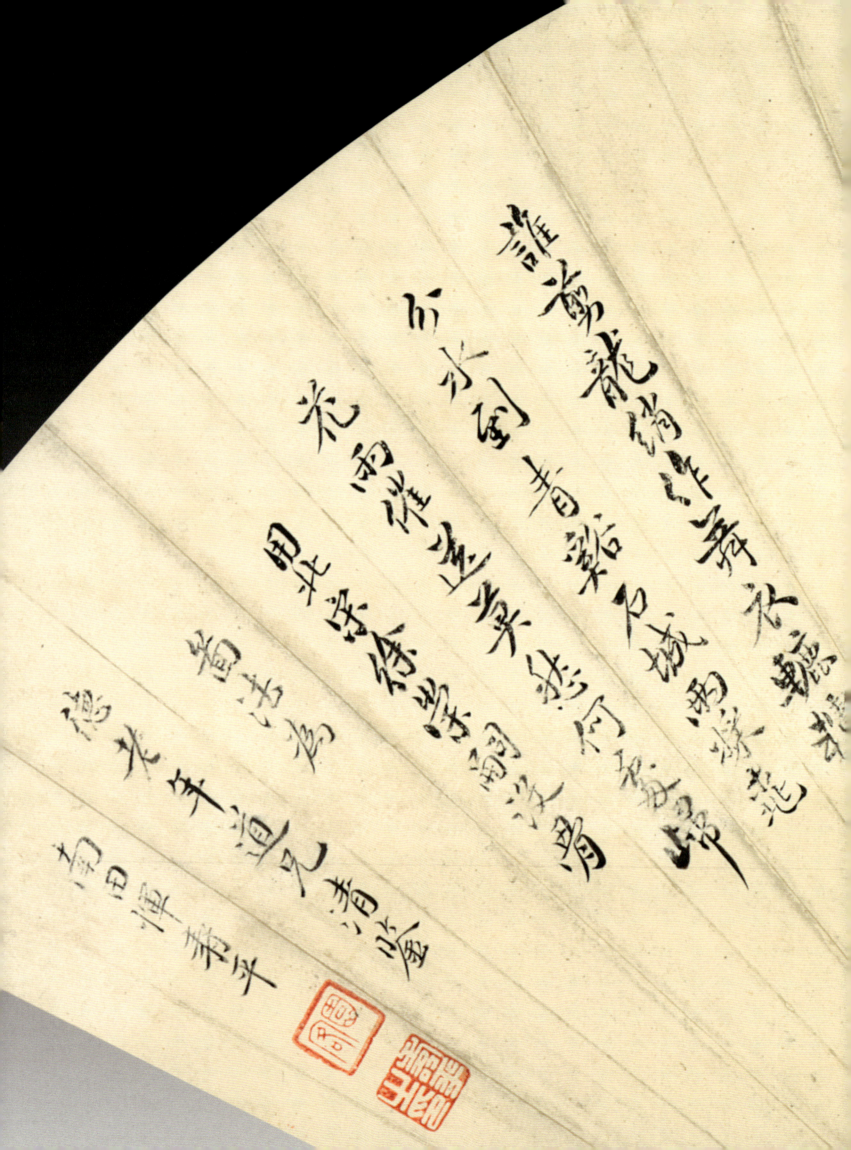

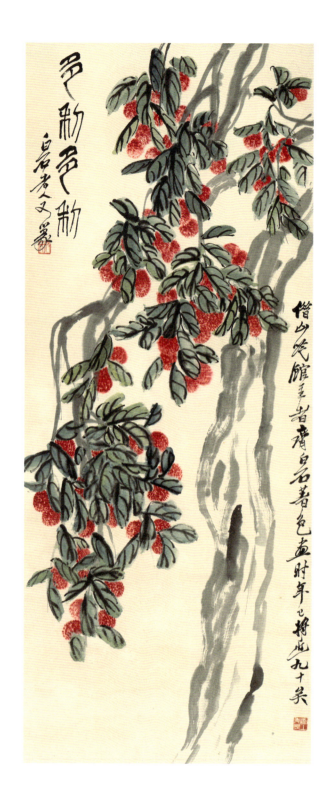

83

齐白石荔枝轴
Litchi
Hanging scroll
Qi Baishi

20 世纪中叶
After 1949
纵 131.7 厘米，横 55 厘米

作品以优质洋红绘制，精心点染，荔枝果壳富有立体感。荔枝入画，常常取其谐音以寓"多利"。作品为画家年近 90 时所画，枝叶从容老辣，数十颗姿态各异的荔枝布置巧妙，构图大开大合，雅俗共赏。

图书在版编目（CIP）数据

癸卯金安：二〇二三新春展 / 王春法主编 . -- 北京：北京时代华文书局 , 2024.1
ISBN 978-7-5699-5007-6

Ⅰ . ①癸… Ⅱ . ①王… Ⅲ . ①文物－中国－图录 Ⅳ . ① K870.2

中国国家版本馆 CIP 数据核字 (2023) 第 223096 号

GUIMAO JINAN：ER LING ER SAN XINCHUNZHAN

出 版 人：陈 涛
项目统筹：余 玲
责任编辑：张正萌
责任校对：初海龙
装帧设计：上官天梦

出版发行：北京时代华文书局 http://www.bjsdsj.com.cn
　　　　　北京市东城区安定门外大街 138 号皇城国际大厦 A 座 8 层
　　　　　邮编： 100011 　电话：010-64263661 　 64261528
印 　 刷：北京雅昌艺术印刷有限公司
开 　 本： 965 mm×1270 mm 1/16 　　　　成品尺寸： 235 mm×305 mm
印 　 张： 14.625 　　　　　　　　　　　字 　 数： 143 千字
版 　 次： 2024 年 1 月第 1 版 　　　　　印 　 次： 2024 年 1 月第 1 次印刷
定 　 价： 368.00 元